PÉTITION

ADRESSÉE

A LA CHAMBRE DES PAIRS,

SESSION DE 1839 A 1840.

C'est faire un digne usage du droit de pétition que de s'en prévaloir pour appeler l'attention des grands corps de l'*État* sur la plus importante question que puisse jamais soulever la discussion de ses intérêts, savoir : *celle de la sécurité et de l'indépendance du pays.*

La France a été envahie deux fois par la coalition générale de l'Europe, et, deux fois, c'est la possession de la capitale qui a entraîné la soumission du royaume. Ce qui est arrivé peut se reproduire encore. — Il n'est donné à personne de garantir l'avenir, ne fût-il menacé d'aucun danger apparent. Si le cas doit se représenter, c'est toujours la capitale qui deviendra le but des opérations de l'ennemi, puisque sa conquête équivaut à celle de la France entière. Donc, en outre de tous les moyens de résistance dont la France peut disposer, c'est nécessairement la capitale qu'elle doit s'attacher à défendre de toute la puissance du royaume. Or, le moyen le plus sûr de défendre une ville, c'est de la fortifier ; *donc*, *Paris doit être fortifié.*

Je crois accomplir le devoir d'un bon citoyen, en signalant l'impérieuse nécessité de la fortification de la capitale, et en demandant à la Chambre des Pairs qu'elle use de son initiative, pour en raviver la proposition salutaire ; — proposition qu'un dissentiment funeste, étranger d'ailleurs à son véritable objet, a malheureusement frappée de stérilité.

Si je ne me fais illusion, je crois avoir démontré avec une évidence irrésistible, dans les deux mémoires que j'ai publiés et dont je prie la Chambre d'agréer l'hommage, que la capitale, fortifiée *solidement*, c'est-à-dire entourée d'une enceinte permanente *continue* à l'abri de toute surprise et de toute tentative d'escalade, ne peut plus devenir le but d'une irruption soudaine ; qu'elle rend une guerre d'invasion impossible ; qu'elle concourt efficacement à la défense générale du royaume, et qu'elle peut, au besoin, favoriser un tel *déploiement de forces*, qu'il n'est pas de coalition dont elle ne puisse braver les menaces et les entreprises.

La sécurité qui résulte de la transformation de Paris en

forteresse centrale inexpugnable, destinée à servir de point d'appui aux opérations militaires défensives sur le pourtour des frontières, et sur toute la surface du royaume, place la France dans une position respectable à l'égard des étrangers. Affranchie de toute inquiétude et de toute influence extérieures, elle n'a plus pour guide et pour motifs de sa conduite, avec toutes les puissances du monde, que l'équité et ses légitimes intérêts.

Ce n'est pas seulement au profit de l'État que Paris acquiert cette haute importance. Ses intérêts particuliers sont les premiers qui se trouvent garantis par la protection immédiate de sa formidable enceinte. Elle met à l'abri de toute atteinte la sûreté personnelle et la fortune individuelle de chacun de ses habitants, qui n'ont plus à redouter de se voir outragés, pillés, rançonnés au gré d'une soldatesque insolente, ou selon les caprices ou la cupidité d'un chef impérieux. Elle assure la capitale du royaume contre la plus affreuse des éventualités dont une guerre malheureuse pourrait reproduire l'épouvantable répétition. Si Moscow fut sacrifié au salut de l'empire, Paris, tout entier, ne peut il pas être détruit dans un accès de vengeance ou de désespoir ? Le ressentiment d'un ennemi implacable, ou l'aveugle fanatisme d'un patriote frénétique, ne peuvent-ils pas allumer les torches destinées à incendier la grande cité, et à réduire en cendres les immenses richesses qu'elle renferme, soit pour en priver l'État, soit pour les soustraire à l'ennemi? De tels exemples sont contagieux : un même sacrilége peut devenir le produit monstrueux de l'exagération des deux sentiments les plus opposés.

La campagne extérieure, dans un rayon de trente à quarante lieues, éprouve aussi les effets de cette heureuse protection, car l'ennemi n'ayant plus la possibilité de surprendre la capitale par un mouvement rapide, n'a plus aucun intérêt à s'avancer imprudemment, en laissant sur ses flancs et sur ses derrières l'armée défensive qui n'aurait point été détruite, même après une bataille perdue, parce qu'elle aurait pris position au milieu des places fortes des frontières, d'où elle aurait pu manœuvrer en sûreté. C'est donc avec une certitude fondée en raison qu'on peut affirmer que Paris fortifié ne peut jamais être attaqué ni même approché, car l'ennemi s'exposerait aux désastres d'une entière extermination. Il faudrait qu'il fût insensé pour en courir les risques !

Le rôle que j'attribue à la capitale dans le nouveau système de défense dont je l'établis le point d'appui et le pivot, la constitue tout à la fois *l'arsenal général*, *le centre* et *le foyer* de toute la puissance militaire du royaume. Cette haute destination l'enrichit d'une multitude d'établissements, d'ateliers, de manufactures, de magasins, de dépôts qui centuplent son importance intrinsèque, et qui fournissent, aux ouvriers de toutes professions, un travail assuré et lucratif; au commerce et à l'industrie, un riche aliment de spéculations et d'entreprises favorables à sa prospérité. Elle prépare l'accroissement de sa population en élargissant l'enceinte destinée à la renfermer, et lui pose en même temps une limite assez reculée pour qu'elle n'ait point à regretter de la trouver infranchissable. Elle contribue à son embellissement, en ajoutant aux monuments qui décorent ses places, à ses boulevards intérieurs, à ses jardins, les magnifiques plantations qui dessineront, dans la campagne, les lignes menaçantes de sa nouvelle enceinte.

Tant d'avantages sont obtenus sans qu'il en coûte le moindre sacrifice aux habitants, sans que rien soit changé à leurs habitudes et à l'exercice de la plus entière liberté, tant à l'intérieur qu'à l'extérieur de la ville; car Paris ne devient place de guerre, c'est-à-dire n'est définitivement fermé et n'est assujetti au régime militaire, qu'autant qu'il est prochainement menacé; et c'est une nécessité qu'il subirait, en pareille circonstance, même comme *ville ouverte*.

Fortifier Paris ce n'est pas seulement garantir la fortune

publique et conserver au commerce et à l'industrie de cette puissante cité les *onze cent millions* de numéraire en circulation qui en activent les opérations et les produits, ainsi que les milliards de valeurs de toute espèce qui constituent la richesse privée et qui présentent des ressources si précieuses pour l'État dans les moments de crise et de détresse. C'est créer une puissance nouvelle, hors de toute atteinte de l'ennemi, dont l'action énergique ranime et met en jeu toutes les forces du royaume. C'est elle qui restitue à nos places leur valeur effective. C'est elle qui donne à nos armées défensives, sur les frontières, cette liberté de mouvements stratégiques qui les laisse maîtresses d'accepter ou de refuser le combat. C'est elle qui force l'ennemi à s'arrêter tout court, sous peine de se voir assailli sur ses flancs et sur ses derrières pendant que d'autres armées *organisées au sein de la capitale*, et réunies aux contingents des provinces, opérant de concert avec les forces rassemblées à Lyon et dans les autres centres de défense, viendront l'écraser de leurs masses irrésistibles.

Qui pourrait contester l'efficacité d'un tel plan de défense ! l'intelligence populaire en saisira la portée tout aussi bien que les capacités militaires et politiques. Les fâcheuses préventions élevées par la polémique passionnée de deux partis rivaux d'influence, mais également dévoués au pays, s'effaceront devant l'importance d'une proposition qui n'a rien moins pour objet que le salut de la commune patrie.

La question envisagée sous ce point de vue nouveau, change d'aspect et de nature. Ce n'est plus un abri temporaire qu'il s'agit de préparer pour une armée battue et poursuivie. Ce n'est plus une ville qu'il s'agit de couvrir avec les débris de cette armée mutilée, avec quelques milices rassemblées à la hâte et frappées d'avance de découragement et d'impuissance. C'est une *place permanente*, forte par elle-même, dont la garnison n'a besoin d'aucune protection étrangère, et dont la seule population suffit à tous les devoirs d'une résistance décisive, en même temps qu'elle fournit les éléments d'une puissante armée disponible qui transforme la défensive en offensive redoutable. Une telle place peut-elle être insultée? Peut-elle être seulement menacée, lorsque les armées mobiles tiennent la campagne et manœuvrent autour de l'ennemi, sous la protection de nos forteresses extérieures?

C'est dans cette place que seront rassemblées, avec toute sécurité, les gardes nationales mobilisées, dans les départements voisins; qu'elles seront habillées, armées, organisées en corps d'armées. C'est au moyen de cette place inattaquable et dans son sein, c'est avec les ressources immenses qu'elle possède, que le géant national s'armera de toutes pièces pour aller broyer sous ses pieds tous ces étrangers qu'une présomptueuse témérité aurait armés contre lui.

Il est évident qu'un pareil résultat ne peut être obtenu qu'à la condition que Paris deviendra réellement une place *solide*. Toute fortification qui ne réaliserait pas cet état de force et de sécurité n'aurait d'autre effet que de retarder sa conquête de quelques jours. A quoi bon et qu'importe ces quelques jours, puisque la France entière tombe avec sa capitale? Ainsi, plus de camp retranché, plus de ligne fortifiée adossée au prétendu réduit de l'enceinte de l'octroi, plus de *forts détachés*, fussent-ils établis avec toute la consistance d'ouvrages revêtus et permanents! parce qu'il n'est aucune de ces dispositions, même la dernière, qui garantisse aux habitants une sécurité absolue sans laquelle toute idée de résistance est inadmissible; parce qu'ils demeurent, tous ensemble, isolément et un à un, sous la menace et sous le danger très-réel d'une surprise ou d'une attaque de vive force, favorisés par les intervalles qui séparent les forts détachés, ainsi que par l'ascendant qu'une armée victorieuse conserve nécessairement sur celle qu'elle a déjà battue et affaiblie; situation intolérable que la population entière se hâtera de faire cesser par une prompte capitulation, pour échapper aux horreurs d'une ville emportée d'assaut; parce que, d'ailleurs, une telle fortification suppose qu'elle doit être occupée par l'armée défensive, qui se sera successivement repliée devant l'armée envahissante, et que c'est la placer dans la position la plus critique pour elle et la plus favorable pour l'ennemi, à qui elle ne peut plus échapper ; parce qu'enfin ce serait substituer un système impuissant et dangereux au dispositif le plus simple, le plus rationnel, le plus conforme aux règles de l'art et aux saines maximes de la guerre, le seul qui puisse avoir une action efficace pour la défense générale du royaume.

Aux arguments présentés contre les forts détachés viennent se joindre les manifestations de l'opinion publique, injustes et injurieuses, quant au présent, mais sagement prévoyantes pour l'avenir, parce que les forts vivent plus que les hommes. Aujourd'hui, la question d'art éclairée par une discussion dégagée de tout esprit d'opposition, est arrivée à ce degré de lucidité qui ne laisse plus de doute sur le choix du système.

La possibilité d'approvisionner Paris pour six mois et même pour une année entière, en élevant sa population à un million d'habitants, ne saurait être mise en doute ; parce que la place ne peut être menacée à l'improviste, et que le gouvernement aura nécessairement au moins trois ou quatre mois devant lui pour utiliser les ressources immenses que le Havre et les autres ports de la Normandie et de la Picardie, ainsi que l'inépuisable Beauce et les fertiles campagnes qui avoisinent la capitale, mettront toujours à sa disposition pour tous les genres d'approvisionnements appropriés aux divers besoins des troupes et des habitants. Sans qu'il soit nécessaire de tenir compte de l'impossibilité d'investir et de bloquer solidement une place de dix à douze lieues de circuit, assise sur deux rivières qui présentent tant de facilités pour opérer sur leurs rives, avec une garnison de trente mille soldats, une garde nationale de quatre-vingt mille hommes, y compris celle de la banlieue, et une armée subsidiaire de deux cent mille combattants fournie par la classe ouvrière inoccupée et par la population nécessiteuse et valide de cette immense cité surveillée, d'ailleurs, et protégée par les armées extérieures manœuvrant autour d'elle sous l'appui de nos forteresses.

Vient à son tour la question d'argent. Frappé des avantages que la ville de Paris retirerait d'une nouvelle enceinte continue, portée à quinze ou dix-huit cents mètres des murs actuels de l'octroi, et qui engloberait une multitude de grands villages, devenus des villes importantes, dont la réunion lui apporterait un surcroît de population de cent vingt à cent trente mille âmes; j'ai cherché à déterminer le conseil municipal à se charger des frais de sa construction, en lui prouvant, par des données positives puisées dans ses propres registres, que le terme moyen des impositions communales de toute espèce, évalué, par tête d'habitant, à 49 fr. 38 cent., et appliqué à l'excédant de sa nouvelle population, augmenterait ses recettes d'environ six millions. Qu'ainsi, au moyen d'un emprunt de quarante-cinq millions, somme supérieure d'un huitième aux évaluations consciencieuses de M. le général Haxo, il aurait, dans le délai de trois années consécutives, assuré pour toujours à la ville de Paris *six millions* de revenus de plus qui s'accroîtraient encore proportionnellement à l'augmentation de sa population. Il aurait mis à l'abri de toutes les éventualités d'une guerre possible dans l'avenir, la fortune publique et la fortune individuelle de chacun de ses habitants, donné sécurité au commerce et à l'industrie pour la conservation de leurs établissements, et rendu à la France, à la patrie, le plus grand service qu'il soit au pouvoir de quelques hommes privés de réaliser au profit de la société tout entière.

Cet emprunt, qui serait remboursé en moins de vingt ans, ne coûterait aucun sacrifice, puisque les bénéfices de l'opération satisfont à la fois au service des intérêts et à l'extinction de la dette. Le gouvernement exercerait donc une influence légitime conforme à ses intérêts comme à ceux de la ville, en intervenant pour le succès de cette négociation. Alors il ne resterait plus à sa charge que les frais de l'armement approprié à l'importance de la place et du rôle qui lui est dévolu. Répartition équitable, puisque *Paris* profite de l'accroissement des revenus, et l'*État* de l'accroissement de puissance, qui devient la garantie d'une sécurité imperturbable.

Ce serait mal à propos qu'on prétendrait arguer de l'état pacifique de l'Europe pour repousser une proposition qui suppose la méfiance de l'avenir.

Sans discuter ici les causes patentes ou occultes qui peuvent menacer la France d'une guerre plus ou moins éloignée, qu'il me suffise d'observer que s'il y avait lieu de redouter une complication politique quelconque qui dût amener une rupture prochaine, il ne serait plus temps de fortifier la capitale. C'est pendant les loisirs de la paix, c'est avec les ressources qu'elle procure, qu'il faut prémunir l'État contre les périls de l'avenir. Lorsque l'orage gronde et menace, ce n'est plus le temps des précautions et des projets, c'est l'heure des regrets et du repentir. La discussion souvent reproduite d'un système de forteresses fédérales dont le choix paraît définitivement arrêté, ne doit-il pas appeler une attention sérieuse, de la part du gouvernement, sur les desseins qu'il est permis d'attribuer à la coalition étrangère. Car ces places ne seront pas seulement défensives; elles peuvent servir de grands dépôts d'artillerie, d'armes, de munitions, de vivres, d'effets d'habillement, d'équipements, et devenir, par conséquent, d'excellentes bases d'opérations pour favoriser l'offensive et pour appuyer les mouvements des armées destinées à envahir le pays. Ne perdons pas de vue que toutes les cours de l'Europe et particulièrement certaines puissances rivales ou intéressées, n'accordent qu'une existence éphémère au gouvernement de Juillet, sorti d'une révolution et qu'une révolution nouvelle peut transformer encore, en ouvrant telles chances de subversion que nos discussions intérieures pourraient rendre fort périlleuses. Garantir la sécurité de la France, n'est-ce pas aussi garantir celle du trône qu'elle a élevé?

L'étranger ne saurait être alarmé d'une disposition qui n'a pour but que notre propre défense et qui ne peut se transformer en moyen offensif, avec toute l'énergie que nous lui avons attribuée, qu'autant que la France serait attaquée ou menacée; parce que la loi constitutionnelle du pays ne permet le recours à la toute-puissance nationale armée que pour la défense et non pour l'agression.

Cette mesure de prévoyance est, au contraire, la seule qui puisse assurer, avec efficacité, la perpétuité de cette paix européenne, objet de tous les vœux, gage de la prospérité de tous les peuples. La permanence de son action tutélaire offre une meilleure garantie que l'habileté accidentelle des négociations de la diplomatie, toujours subordonnées à l'instabilité des hommes et des choses. Elle affranchit le gouvernement et la nation de cette menace incessante d'une invasion possible qui reste suspendue sur leur tête comme une injonction de *bonne conduite* et de *docilité*. Dépendance réelle que les bons procédés peuvent déguiser en l'entourant de formes bienveillantes, mais qui pèse inaperçue dans les délibérations du conseil, comme elle entretient dans les esprits l'incertitude et le doute de l'avenir.

J'ai dû motiver ma pétition en reproduisant certaines considérations et quelques-uns des arguments qui se trouvent développés dans mes deux Mémoires. J'en invoque la discussion approfondie pour mieux justifier *la nécessité de la fortification de Paris* et pour demander respectueusement à la Chambre des Pairs qu'elle use de sa prérogative pour en reproduire elle-même *la proposition* ou pour donner à ma pétition l'autorité de son suffrage par un *double renvoi à M. le Ministre de la Guerre et à M. le Président du Conseil.*

Une bataille gagnée suffit pour illustrer un général, et souvent la victoire n'a couronné qu'un chef de parti, et n'a fait triompher que des intérêts d'un jour. Là, ce sont des intérêts éternels, ceux du pays, ceux de l'universalité des citoyens, ceux de la capitale du royaume, et un seul vote peut les assurer tous et pour toujours.

Les fastes de la monarchie, depuis son origine jusqu'à nos jours, ne rappellent le souvenir d'aucune résolution gouvernementale d'une aussi haute portée et d'une influence aussi puissante sur les destinées de l'État. Il appartient à la Chambre des Pairs d'en apprécier toute l'importance et d'en réaliser les effets pour la sécurité de la France et pour la fixité de son avenir.

Je croirais avoir dignement couronné une longue carrière consacrée avec dévouement au service de mon pays, si j'étais assez heureux pour faire passer dans tous les esprits la profonde conviction qui maîtrise mon intelligence et ma raison; car j'oserais m'attribuer l'honneur d'avoir contribué à l'adoption d'un projet dont la prééminence sur toutes les combinaisons qui ont en vue la prospérité intérieure et matérielle de l'État, est d'autant moins contestable qu'il a pour objet la première des conditions d'existence pour une nation : *l'indépendance* garantie par *la force*.

Le général baron de RICHEMONT.

IMPRIMERIE DE FAIN ET THUNOT,
IMPRIMEURS DE L'UNIVERSITÉ ROYALE DE FRANCE,
Rue Racine, 28, près de l'Odéon.

www.ingramcontent.com/pod-product-compliance
Lightning Source LLC
LaVergne TN
LVHW010320230826
846091LV00009B/3738

* 9 7 8 2 0 1 2 4 5 9 5 5 7 *